# Wir hören beide
# von Schubert ein Stück

## Gedichte

Reiner Rumohr

© 2020 Reiner Rumohr
reiner.rumohr@yahoo.fr
Umschlag, Illustration: Manfred Werdermann
Lektorat: Angelika Fleckenstein

Verlag & Druck: tredition GmbH, Halenreie 40-44,
22359 Hamburg

ISBN
Paperback      978-3-347-08992-1
Hardcover      978-3-347-08993-8
e-Book         978-3-347-08985-3

Über sein Leben nachdenken, darüber, was ist und vielleicht noch sein wird, wie soll das gehen?

Manchmal, wenn ich ruhig und ganz still bin, wenn ich nichts will, nur warte und doch nichts erwarte, tauchen Gedanken auf, die mir ganz nah zu kommen scheinen. Nicht ich führe sie, sie führen mich. Sie kreisen nicht um mich, sie weisen mir kleine Wege, wie ich gelassener leben und manches gar verändern kann.

Es kommt mir vor, als ginge ich von der anderen Seite in die Einbahnstraße meiner Gedanken. Dann wird, was groß war, klein, was zu hell, dunkel, was wichtig, nebensächlich, das Wenige wird alles, der kleine tägliche Weg führt durch die ganze Welt, ein unscheinbarer Gedanke zur Wahrheit. Je langsamer ich auf diesen Wegen gehe, um so mehr sehe ich. Und wenn ich stehen bleibe, vielleicht sogar alles.

Für Daylen
Für Louis

„Tu as fait de ta conscience le centre du monde et de toi-même, me souffle une voix, c'est pourquoi le monde et toi-même avez été dévorés. Qu'attends-tu encore? Il n'y a pas de printemps pour ceux qui n'ont pas osé mourir."

(Gustave Roud, Air de la solitude, p. 121 f.)

*Gedichte geben selten eine Antwort,
aber sie können einem auf steinigem
Weg bei den Armen nehmen.*

## Einfach sein
(Paris, Jardin du Luxembourg)

Wie Marionetten, aus einer
Mitte gelenkt, bewegt sich
eine Gruppe von Menschen,
auf keinem Weg,
in keine Richtung, ist
nur Bewegung, die
ruht und so selbst
zur Landschaft wird.
*Und ihre Gedanken ?*
*Gehen auch sie langsamer,*
*lernen vom Körper ein- und*
*wieder auszuatmen,*
*den Ort zu bewohnen,*
*innezuhalten vor jedem Gang,*
*lernen, einfach zu sein ?*

## Schweigen

Seit einiger Zeit denk' ich daran
um – wenn ich's denn kann –
zu verändern das was ich tue
was ich sage wie ich die Zeit verbringe:
wie wär's würd' von nun an das
                        Schweigen mich lenken
erhielt' es von mir stets das letzte Wort
überließ' ich es ihm mein Tun zu bedenken

Doch woran werde erkennen ich
dass es das Schweigen ist
das aus und das zu mir spricht

Und wenn ich's erkennen würde
könnt's überhaupt benennen ich dann
ist's nicht vielmehr etwas das nur
zwischen den Dingen sich aufhalten kann

In den Räumen zwischen den Worten den Gedanken
den Taten wo man sich ausruht sich umschaut
und bevor man davoneilt
                   noch ein klein wenig wartet

Würd' gerne wohnen in diesem Reich
dem zwischen grad' eben und gleich
bevor nach einem Wort ich weiterrede
nach einer Tat zur nächsten schon übergehe
wo jeder Gedanke 'ne Weile bleibt
bevor der nächste vorübereilt

Eine Welt in der das was ich tue
bestimmt wird von tiefer innerer Ruhe
in der ich erst finde zum Wort und zur Tat
wenn das Schweigen mir hat gesagt
welchen Weg ich zu gehen hab'

Ob das Schweigen redet
           vielleicht erkenn' ich's daran
dass wenn ich nichts tu nichts sag' nichts erstrebe
ich's doch in mir aushalten kann und
gerade dann wenn nichts ich erlebe
                  merk' dass ich lebe

## Mein Haus

Mir ist als lebte ich in einem Haus
ohne Türen Wände und ohne ein Dach
um die Worte zu finden die zum Leben ich brauch'
blick' durch ein Fenster ich – doch
ich weiß nicht wie krieg' ich das 'raus
blick' ich herein oder blick' ich hinaus

Wo bin ich wenn
aus dem Fenster ich seh'
und in der Ferne seh' wie ich geh'
und wenn in mein Inneres ich blick'
ist's nicht bevölkert wird's nicht bewegt
von all dem was weit draußen sich regt

Wenn einem Anderen ich in die Augen seh'
blick' nicht auf all' meine Wünsche und Ängste ich dann
und wenn vor dem Spiegel ich steh'
schaut nicht von dort ein Fremder mich an

Um das Andere beim Namen zu nennen
muss ich zuerst mich selber verstehn
und bei dem Versuch mich zu erkennen
muss was fremd in mir ist ich erst sehn

Vielleich löst so auch das Fenster sich auf
gibt's nirgends ein drinnen noch gibt es ein drauß'
erkenn' in dem was fremd ist ich mich
und wird auch das Andere ein Teil meines Ich

Und die Worte die zum Leben ich brauch'
muss ich noch finden sie oder
    suchen von selbst sie mich auf

## Der Augenblick

Warum genügt er nicht der
Augenblick er der nicht bleibt und
auch die Zeit noch mit sich treibt
und der Gedanke der bei keinem
Wort bleibt stehn muss denn was
grad ich gedacht gleich schon vergehn

Doch ist es so dass jeder Augenblick
                nur so vorübergeht und
alle Wörter wie vom Wind
                schon sind verweht

Vielleicht lüd' ja der Augenblick mich ein
ihm und der Zeit ein Begleiter zu sein auf dass
in dem was ich tät' in dem was ich säh'
in dem was jeden Tag sich stellte ein
und wäre es auch noch so klein ich
wiederfänd' was Leben zu nennen wär

Auch der Gedanke würde sicher gern
                    bei mir verweilen
gäb' nur die Möglichkeit ich ihm
                      was er kann mir auch zu zeigen
würd' dann zu einem Freund ich machen ihn
gäb' alle Zeit vor allem Stille ihm
nähm' ruhig er mich an die Hand und
führte mich durch das von mir bewohnte Land

Wenn nichts ich hab' wenn nichts ich
brauch' und nichts mehr will sein dann
nimmt der Augenblick mich auf dann
finden auch Gedanken sich ein
die ... um mich die Welt zu lehren
sie wortlos mir erklären

## Anhalten

Anhalten das sollte doch gehn
die Schritte die innere Uhr
              was sich bewegt
was den Tod in sich trägt und vergeht
und dem – wie komme ich nur darauf –
durch noch mehr Eile ich möchte entgehn

Geh' ich spazieren wie wäre es dann
statt ein Ziel anzustreben
ging' ich ganz langsam voran
bliebe nach jedem Schritt einfach stehn
beträte Pfade auch die nach
              Anderswo mich entführn

Und käme so von meinem Weg ich ab –
doch nein könnt' es nicht sein dass
ich erst dann ihn gefunden hab'
den Weg der mich dahin führt
wo eine winzige Blume es ist
              die zu bleiben mich lehrt

Und die Zeit wie wäre es denn
begleitete auch sie mich nach nebenan
nur ein paar Schritte gar nicht so weit
ins endlose Land der Langsamkeit
wo – wird's einmal von mir bewohnt –
kein Weg wieder zurück mich führt
                    bin ich doch dort
ohn' es zu suchen es war niemals fort all'
das Kleine, das Stille und Unscheinbare
                  ganz nah' meinem inneren Ort

## Worte im Wind

Die Nacht wird hell,
heller als jeder Tag.
Und die Gedanken – schwerelos – kommen
und gehen und stehen wie still.

Sie gleiten herab vom Kopf zu den Füßen,
ihr Atem beruhigt Herz und Gemüt,
und heiter zugleich und gelassen
wird alles durch sie ... zur Poesie.

Ich sehe – mit dunkler werdenden Augen –
den Weg, der kein Anfang ist und kein Ziel
und gehe im Stehen und stehe im Gehen und
schreib mit dem alternden Körper ein paar

Worte in den Wind

# Worte für ein Gedicht

(Vanves, Parc Fréderic Pic)

Langsam schreiben
warten
erwarten

Der Fluss der Gedanken verläuft
er im Kreis oder quer hin und dann her
wo ist sein Anfang wo endet er
und was führt ihn an seinen Gang

Und wenn ein Gedanke stehenbleibt
sich festsetzt und mein Gemüt umtreibt
wer hat ihn gerufen was hat ihn gewollt
und hat aus dem Innern hervor ihn geholt

Wann weiß ich es
wann stellen die Worte sich ein
die für ein Gedicht ich verwenden kann
und woran erkenne ich
dass wahr sie sind oder nicht

Drinnen draußen oder ganz weit
kein Ort ist's weil ich ihn überall find'
wo demütig ganz weit unten ich bin
wo auch die Tränen sich halten bereit
nur von dort kommen die Worte her
die keinem auch mir nicht gehörn
Worte als würde ich wiedergeborn

## Bevor ich spreche

Bevor ich spreche
bevor ich eine Frage beantworte
schlafe ich einige Minuten
damit die Stille das Wort erhält
und ich erst wieder rede
wenn ich nichts zu sagen habe

## Leben lernen

Die Frage wer ich war bevor ich
geboren und wer ich werd' sein
wenn ich gestorben hätt' ich
nur früher sie gestellt hätt' ich
zu leben wohl besser gelernt

Wiegt nicht was nicht ist mehr
als das was ist was nicht gesagt als
das was gesagt was nicht gedacht als
das was gedacht was nicht
getan was nicht gesehn …
was nicht besessen

Ist nicht mein Wort erst wahr wenn
ich zu schweigen bin bemüht
und was ich tu wenn
schon das Nichtstun ich geübt
weiß nicht zu besitzen ich erst dann wenn
nichts zu haben auch genügt

Kann nicht erst Ich ich sagen dann wenn
ich vom Ich befreit sein kann

Und von gestern heute morgen
                              werd' ich erst reden
wenn nichts wird mehr sein und
                              nichts ist gewesen

## Einen Wunsch nur

Einen Wunsch nur,
einen kleinen.

Gleichmut …
Beim Lesen der Gedichte,
die keine Antwort geben
und doch auf stein'gem Weg
mich bei den Armen nehmen.

Heiterkeit …
Schau, wie, wenn ein Stein ins
Wasser fällt, sich Wellen, flach,
als immer weitere Kreise, fort
ins Unendliche ausbreiten,
so auch das Ich, mag weit es sich
von sich entfernen und
allem Kampf der Eitelkeiten.

Leichtigkeit …
Vergangenes ist schlafend
schon entlassen,
Zukünft'ges löst in
Gelassenheit sich auf,
fern alle Ambitionen
und ferner noch
das, was ich meine.

Den Blick gerichtet auf
manch kleines Ding,
das doch die ganze Welt
in sich empfing,
nur einen Wunsch noch,
einen kleinen …

## Im stillen Aufbäumen

Im stillen Aufbäumen den
Tod aufzuhalten gehe ich
ihm solange ich atme aus dem Weg
verschrotte das Auto verlasse
die Wohnungen und wage mich
von der anderen Seite in die
Einbahnstraße meiner Gedanken

Errichte dem Körper ein Haus
ohne Dach ohne Wände auf dass
der kalte Wind das Gesicht wärmt und
der Regen die Tränen trocknet die
Wörter finden im Freien und
Gedichte bilden wie Sternschnuppen
ganz ohne Sinn

Geh' langsam die Straße entlang
um die ganze Welt herum und
gleich an der Ecke bleib'
einfach ich stehn alles ist still
wozu noch sollte ich weitergehn
den Gedanken zu folgen lass sie nur ziehn
jetzt erst im Stehn ist alles zu sehn

Lern' von der Blume zu leben die
nicht weiß dass es sie gibt die
nicht fragt ob man sie liebt die
so gar nicht sich bemüht doch
um so schöner dann erblüht
und in sich ruht so kurze Zeit
die dadurch wird zur Ewigkeit

## Angst

Ich spür' sie sich nähern von
allen Seiten von innen von
außen durch verriegelte Türen und
Mauern dringt in die Seele
dringt in den Körper sie ein

Geh' doch entgegen ihr wenn
ihre Boten erscheinen wink'
sie heran lade sie ein biete
an sie zu begleiten bereite
den Tisch für ein üppiges
Mahl dass näher sie kommt
wie's ihre Absicht doch war

Denn schon wenn die offenen
Türn sie gesehn kann kaum noch
aufrecht und vorwärts sie gehn da
alle Mauern verschwunden sind weht
sie schon fort auch der leichteste Wind

Ihre Schatten tauchen gelegentlich auf
ich ahn's schick' meine Grüße hinauf
nicht damit ringen mehr werde ich
hab' doch gekämpft ich stets ...
                              gegen mich

## Die Wohnung

Ich glaube zu denken
und doch denkt es mich
versuch' was ich denke zu lenken
doch ist's als hätten meine Gedanken
ein anderes Ich als mich

Mit viel Eifer stets versorgen sie mich
mit dem was in der weiten Welt sich so ereignet
egal ob wichtig oder nichtig was zählt
dass in meiner Leere ich gut bin beschäftigt

Ich lade die Gedanken ein in meiner Nähe
auch wenn allein ich bin zu sein
dass sie bedenken was vor mir ich seh'
und mich begleiten wo entlang ich geh'

Dass sie auch meinen Körper achten
der doch ihre Wohnung ist und
beide stets nur danach trachten wie
gute Freunde miteinander umzugehn

Geht es dem Körper gut fühlt er sich frei
wird er auch die Gedanken neu beleben
und ziehen die Gedanken ihre stille ruhige Bahn
dann lernt sogar der Körper noch zu fliegen

## Im Kreis

Dass ich auf die Welt kam
niemand hat mich gefragt
es wurde mir auch nicht gesagt
was mich erwartete dann

Vielleicht bewege ich mich im Kreis
woher und wohin und wo ich grad bin
drauf gibt's keine Antwort
                    weil niemand es weiß
denn jedes Ende ist ein neuer Beginn
und dieser Tag der gerade erwacht
enthält bereits die folgende Nacht
was kommt ist schon gegangen
und dann erscheint am Horizont
was gestern schien vergangen

Ob ich sterben will und wann
und was mich erwarten wird dann
wozu all' diese Fragen
es gibt dazu nichts zu sagen

## Zwischen den Buchdeckeln

Die vielen Worte zwischen den Buchdeckeln
wollen sich von den Bleistiftstrichen befreien
mit deren Hilfe ich glaubte, eine Wahrheit
besonders dick unterstreichen zu müssen.
Es wäre besser, ich wanderte durch die Bücher
wie durch eine Landschaft: mal hierhin,
mal dorthin, überall ein wenig verweilend,
nie auf der Suche nach einem Sinn.

## Die Mitte

Was immer ich such'
und niemals ich find'
(lässt's denn benennen sich
        mit einem Wort)
es gibt sie nicht an keinem Ort
so sehr ich auch bemühe mich
um die Mitte des Ich

Kein Gedanke kommt von dort und
keiner führt mich zu ihr hin nur
Wörter bilden sich in einem fort und
sind meist ohne Ziel und ohne Sinn und
wenn mal kommt ganz nah ein Wort
nimmt Eitelkeit sogleich es wieder fort

Der Zeit zu folgen suche ich
alles zu tun dass nicht sie enteilt
sie alles mir weiht dass nichts
mir entgeht und immer mehr ich erleb –
*doch schon hat der Tod*
*mich längst überholt*

Ruhig hol' ich die Zeit zurück
sie wird jetzt mein Begleiter
wir hören beide von Schubert ein Stück
dann gehen gemeinsam wir weiter
und schon – es ist ein gutes Gefühl
als würde die Welt sich verändern –
wird jeder Gedanke ... viel leichter

Solange ich kreise um mich
denk' es würd' mir was fehlen
glaub' gar dass es das gäb dieses Ich
solange werd' ich verfehlen mich:
die Mitte ist wo ich geh' in dem
was ich hör' und in dem was ich seh'
der Weg zu ihr führt nach überall hin
wo kein Wort nötig ist dass ich bin

## Werden der ich war

Werden der ich war
bevor ich war und
wurde der ich nicht war
und für immer verlor
der ich nicht wurde

Jede Suche vergeblich all
die stolz gefundenen Sätze in
den Tausenden von Büchern und
den umherirrenden Gedanken
wie Serum eingeritzt in die Haut
können nicht öffnen die Tür

Schweigend übernimmt mein Körper das Wort:
bin ich nicht deine Wohnung ein
Leben lang wo du auch lebst
warum glaubtest du ohne mich
die Stimmen der Welt zu verstehen
und was mehr wiegt vor allem dich selbst

Still wächst im Garten die Blume
dass sie ist davon zeugt ihr kein Spiegel und
keine Zeit dass sie bald vergeht -
gleichmütig wasche ich die Teller im Haus
die Uhr an der Wand will umziehen
gelassen finden die Gedanken den Ausgang

Früh noch tief im Dunkeln
singen die Vögel den Tag herbei
ihr Körper – oder was ist es
das alles in ihnen empfindet -
spürt was kommen wird und
will genau das sein

## Das Labyrinth

Das Labyrinth in dem ich
mich gefangen fühle und
nach einem Ausgang suche und
jeden Faden der auf dem Weg
liegt oder mir angeboten
wird und gar am Himmel
erscheint und der doch immer nur bis zur
nächsten Ecke reicht begierig
ergreife und …

… doch manchmal

wenn ich suche nicht mehr
und keine Fäden mehr ich begehr'
wenn alle Gedanken spurlos vorüberziehn
und die Stille in mir beginnt mich zu tragen
ist's plötzlich als würde das Leben
                              mir sagen:

die Mauern von denen umgeben
du wähntest dich
                    es gibt sie nicht

## Am seidenen Faden

Als hinge an einem
seidenen Faden mein
Leben einem feinen und
brüchig werdenden

sinnlos zu probieren ob
er noch hält und wie
lange und ob
er sich verstärken lässt

ich hänge an ihm
ganz unten

und kann nichts tun

nur

leichter werden
an Gepäck all
der Illusionen die
ich Leben nannte

> *so leicht dass*
> *selbst der Wind mich*
> *nicht erkennt*

abnehmen an
Gefühlen des Eifers und
Zorns und des Hochmuts
vor allem

    *und alles wird heiter*
    *wahr und durchsichtig wenn*
    *ganz gelassen ich*
    *vergesse mich*

fallen lassen tief
ganz weit hinab das
schwankende Gerüst der
Eitelkeiten

    *dass nur noch Worte*
    *so wie stille Gäste*
    *unerwartet mich besuchen*

innehalten vom
Durcheilen all der
doch immer unbekannt
gebliebnen Orte

    *erst wenn in dem*
    *was gerade vor mir ist*
    *die ganze Welt ich sehe*
    *erkenne ich sie auch wenn*
    *tausend Schritt' ich weitergehe*

loslassen was
vergangen und
auch was noch
nicht angefangen

> *doch auch der Augenblick:*
> *es gibt ihn nicht da das*
> *was kommt gleich schon*
> *vergangen ist*

tief ausatmen
was ich hab' und
was ich bin

> *... und ich atme ein*
> *wie von allein*
> *was still ist und leicht*
> *und bis zum nächsten*
> *Tag sicherlich reicht*

## Tu vas souffrir

Tu vas souffrir sagte sie du wirst leiden als
ich ihr mitteilte dass ich verkaufen werde das
Auto fortan zu Fuß ginge mit dem Bus führe
und auch mit der Bahn

Sie dachte an den eisigen Wind der mich
auf der Straße erwartete mich umzuwerfen
drohte wenn ich zur Bushaltestelle ginge
den Bus erwartete der mich wieder einmal zu
spät und vollbesetzt an mein Ziel brächte

An die Zeit die ich verlöre wenn ich eine ganze
Stunde früher aus dem Haus müsste ganz zu
schweigen von den Umwegen die ich sicher zu
machen hätte und den Begegnungen die
ich verschieben oder gar absagen müsste und
den in der Ferne vorüberziehenden Landschaften die
ich fortan nicht mehr bewundern könnte

An die Einkäufe an denen ich schwer trüge nach
einigen Hundert Metern schweratmend zu Hause
ankäme nachdem unterwegs die Menschen mich
und mein Alter bemitleidet hätten und

die Folge wäre und die wöge noch schwerer ich
hätte zu erleichtern das Gewicht meiner materiellen
Bedürfnisse erworben angesammelt und gepflegt über
all die vielen Jahre hinweg

Ja es stimmt – ich leide

an den Orten die wie vor dem Fernseher an
         mir vorüberrauschen
an den Menschen denen ich nicht begegne weil
         ich nirgendwo ankomme
an den Farben der Landschaft und des Himmels
         von deren Schönheit ich nur aus Romanen und
         Gedichten weiß
am Fluss der Gedanken deren lebendige Quellen jedes
         Jahr mehr verstopfen
an meinem Körper der nicht mehr weiß was
         er tragen kann und deshalb vorzeitig ermüdet

an dem Wenigen an dem ich mich nicht erfreuen darf
         weil es die Fülle erstickt

## Wörter

Lange bevor ich schreiben konnte
schrieb ich Wörter auch ganze Sätze ab
aus Illustrierten Zeitungen Büchern

Ich wusste nicht was sie bedeuteten
doch sie waren mir alles

Hatte ich kein Papier zur Hand schrieb ich
die Wörter und Sätze gehört oder flüchtig
gedacht mit einem Finger auf mein Bein
die andere Hand den Pullover oder
auch in die Luft

Glaubte ich die Wörter zähmen zu
können um dem Leben nicht verlassen
und hilflos ausgeliefert zu sein

Doch auch wenn ich die Worte zweimal las sie
mehrmals dick unterstrich und auch noch in
meine Haut einschrieb sie blieben nicht –

ich wurde als Wirt nicht akzeptiert

## Aus mir herausgefallen

Aus mir herausgefallen suche ich
mich in einer Geschichte einer Theorie
einer mir fremden Biographie
um am Leben zu sein

                                      irgendwie

War am Anfang nicht
vor allem Körper ich der
atmete und trank und weinte und
lachte mit Füßen und
Armen tanzte und abhob
ins ganz nahe All

Wie eigne ich mir an was
ich doch immer besaß
wie kehre ich HEIM das
ich nie verließ

(Non sarei degno di tornare an mi
Bin ich unwürdig in mir zu wohnen ?)

Wen fragt Ungaretti
Und warum
Und wer gibt ihm die Antwort

Ich suche
nicht mehr hab'
keine Frage brauch'
keine Antwort und auch
keine Biographie -  bin
am Leben auch so

                           irgendwie

## Begegnung

Natürlich weiß ich schon jetzt dass es nicht geht
und trotzdem muss ich es wagen
vielleicht ist es ja so grad' weil es misslingt
dass ich eine Antwort find' auf meine Fragen

Dem Andern begegnen heißt ihn erkennen
an seiner Haltung an seinem Gang
an seinen Worten und ihrem Klang
daran ob er still ist oder geschwätzig
zu ernst oder immerzu witzig

Und wenn ich rede mit mir
(und doch nie eine Antwort bekomme)
wenn ich denke an mich
(und spalt' damit auf dieses Ich)
woran wenn ich mir selbst zu begegnen versuch'
woran erkenne ich mich

Ich kann mich von außen nicht sehn
auch mich nicht denken oder verstehn
und doch versuche ich das tagaus und tagein
hab' dabei längst meine Mitte verlorn
an der ich mich erkennen könnte ganz allein

*Sie irrt nun schon lange umher*
*versucht sich an etwas zu klammern*
*wechselnde Theorien das Leben der Andern*
*alles was hält eine Weile –*
                    *aber keinen Augenblick mehr*

Mir begegnen
das werd' ich erst dann
wenn ich verstanden hab'
dass ich mich nicht erkennen kann

## Komm irgendwo ich an

Komm' nach einer Reise ich
irgendwo an und betrete ein Haus
schau' ich als erstes zum Fenster hinaus
und dann schon nach sehr kurzer Zeit
als hielt' ich es hier nicht mehr aus
will ich hinaus: wo bin ich
wo steht dieses Haus

Schon auf dem Weg war es zu spürn
wie wird es sein was gibt es zu sehn
und so schau' schon von fern ich wenn
    ich näher komme dem Ort
ob ich was sehen kann was
    mir gefallen könnte dort

Doch wenn ganz nah' ich dann bin und
bald darauf durch die Straßen ich geh'
den Menschen begegne Häuser
    und Gärten ich seh'
in ein Café mich setze den
    Menschen zuhör'
lachend zu zwein oder traurig allein
    denke ich mir
es wird hier sicher wie überall sein

Doch vielleicht war falsch schon
                               wie es begann
statt mich dem Ort langsam zu nähern
fuhr viel zu schnell ich heran
ließ nicht das Auto weit entfernt einfach stehn
um dem Ort zu Fuß entgegen zu gehn
mit einem Blick der nicht vorübereilt
und auch bei dem was weit abseits liegt
                              ... lange verweilt

Dann komme ich an in dem fremden Haus
geh' nicht zum Fenster will nicht gleich hinaus
erst wenn meine Gedanken beruhigen sich
wenn draußen nichts mehr erwartet mich
dann wird bestimmt enthüllen auch dieser Ort
                       was ich Besonderes finden kann dort

## Warum genügt mir nicht

Warum genügt mir nicht was ich seh'
wenn durch einen Park ich geh'
und alles auch sehr schön dort find'
so führen doch die Schritte mich
nach kurzer Zeit zum Ausgang hin

Warum genügt mir nicht was ich les'
kaum hab' unter dem was mich hat bewegt
'nen dicken Strich ich gemacht und
auch darüber nachgedacht
schon verlangt es mich nach
                    einem neuen Gedicht

Warum genügt mir nicht der ich bin
würd' nur zu gern der Andere sein
folg' seinen Gedanken nach überall hin
als fehlte mir etwas ein wichtiges Teil
denk' ich werd's schon irgendwo finden –
                    wenn ich mich nur beeil'

Doch wenn alles ein großer Irrtum ist
und in Wahrheit gar nichts mir fehlt
außer Demut und die Einsicht darin
dass nur deshalb mir nie etwas genügt –
                    weil ich mehr sein will als ich bin

mehr als die Erde auf der ich geh'
als die Blume die am Rande ich seh'

dass geliehene Worte ich brauch'
um zu verstehn
und einen Gott um mich zu erhöhn

## Mal angenommen

„Mal angenommen, du hättest plötzlich viel Geld,
was würdest du damit machen, welchen Wunsch,
den du schon lange hattest, dir erfüllen, eine Weltreise
zum Beispiel oder den Bau einer Villa am Meer ?"

Nein ich brauch' es nicht dieses Geld
ich würd' es nicht nehmen würd's gleich wieder geben
keine Güter auch keine Reisen rund um die Welt
können mich lehren den Weg hin zum richtigen Leben

Die alte Frau (in einem Roman Dhôtels)
sieht den Himmel nur in einer Wasserlache,
die sich in ihrem Garten gebildet hat
sie beobachtet wie sich das Blau des Wassers
langsam verändert, folgt den Wolken,
die nur für sie vorüberziehn und zählt
nachts die nie gleichbleibende Zahl der Sterne:
*kann es sein dass diese Frau die sich nicht*
*bewegen kann mehr vom Himmel sieht als wir*
*die wir ihn unendlich weit ausgebreitet noch über*
*die entferntesten Länder studieren können*

Ich betrete eines der schönsten Gedichte
Jaccottets, *l'ignorant,* der Unwissende.
der Dichter ist allein in seinem Zimmer,
was kann er sagen, was denken,
zu sehr erkennt er, dass er nichts weiß,
nichts besitzt, nichts beherrscht,
er ist still und das Schweigen betritt sein
Zimmer, um ein wenig Ordnung zu schaffen:
*und er wartet dass die Lügen eine*
*nach der anderen entweichen und er die*
*Fragen stellen kann die ihm noch bleiben und*
*tatsächlich vernimmt er eine Stimme deren*
*Worte klingen wie ein neu erwachender Tag*

Wozu brauche ich so viel Geld wenn
es möglich ist den Himmel auf einem kleinen
Flecken Wasser zu beobachten und die
richtigen Worte sich von selbst einstellen
wenn ich warte bis das Schweigen für
Ordnung sorgt in meinem Zimmer

## Dass du bist

*für meine Schwester*

Ging' jedes Wort wenn es gesagt
auf seinem Weg zu dir doch langsam voran
würd' es ganz leicht bevor
es deine Gedanken erreicht

Und doch: die Worte kaum dass
sie sind ausgesprochen sind dir
bereits unter die Haut gekrochen
zu dünn ist sie und die Wunden
                  alle schon aufgebrochen

Bevor es anfängt in dir zu denken
lass' doch deinen Körper dich lenken
beweg' dich mach's dir bequem
setz' gemütlich und aufrecht dich hin
atme tief ein und noch tiefer aus
oder geh' ein paar Schritte
              nach draußen ... hinaus
bis deine Gedanken verwandeln sich
und dir ist
                dass du bist

Und es wird dir ganz leicht wenn
das Wort das dir wurde gesagt sich
vor deiner spürbaren Ruhe neigt

## Manchmal wundere ich mich

Manchmal wundere ich mich dass
wenn auf dem Bürgersteig ich geh'
und all' die Menschen vor und hinter mir seh'
wieso wenn sie mir entgegenkommen
oder wenn sie schneller sind als ich
sie einen Bogen machen um mich

Warum das so ist ich weiß es nicht
und wen und wonach könnt' ich auch fragen
es bleibt mir nur ganz alleine für mich eine
                          Antwort zu wagen:
in manchen Momenten wenn
                 gedankenverloren ich geh' so dahin
scheine weit drinnen in mir ich zu ahnen
dass ich ... mein eigener Schatten bin

## Die Zeit

Alles ist ruhig und still
kein Gedanke der etwas will
kein Morgen mehr den ich verplan
und was vergangen ist schon getan

Gibt es sie überhaupt ... die Zeit
oder hat man sie nur erfunden um
uns von uns selbst zu entfremden
dass nie gut genug es uns geht
und immerzu etwas uns fehlt

Manchmal denke ich dass
ich erst dann vom Leben
                    verstehe den Sinn
wenn ich die Rose im Garten der
Vogel am Himmel der Baum nebenan
wenn was meine Augen gerade
sehn die Ohren hörn und
die Hände berührn wenn
ich das für einen Moment
                    selbst geworden bin

Um glücklich zu werden
fällt viel nicht mir ein
ich muss auch nichts suchen
ich brauch's nur zu sein

## Bleib' schöner Gedanke

Bleib' schöner Gedanke
trag' mich durch den Tag
dass ich nicht mehr schwanke
dass ich mich verwandle
und der Tag es wird sein
                den ich trag'

# Gedichte aus meiner Zeit
# in Kamerun

## Ansichts Karten

Auf der Karte ein Punkt weit am
Ende: Yokadouma.
Caterpillare schleifen Bäume mit
griechischen Buchstaben über
die Knochen entflohener Pygmäen.

Auf der Karte feine Striche im
Niemandsland: Badjaolé.
Einbäume gleiten auf Sand an
schilfgebauten Mauern vorbei zu
den tanzenden Schatten des Baobab.

Ob ich Wünsche hätte: nein
Jeder Tag genügt sich bei weitem
zu viel gibt es noch zu entdecken
im Niemandsland weit
am Ende.

## Alters Weise

*für Mbombo*

In ihrem Ausweis steht,
Geburtsdatum: vers 1928 (um 1928),
man wusste es nicht genau.

Ich schaue in ihr Gesicht:
tief eingegrabene Ringe,
Schatten, abwechselnd Licht –
und zähle den Stand der Dinge.

## Mitten im See

Ins Wasser gleiten die Ruder
Doch alles steht ruhig ganz still
Der Wald schließt zu die Ufer
Und nichts sich bewegen will

Ein Kind wird mein Bein das sich anschmiegt
Der Bootsjunge taucht meine Arme ins Nass
Wir sind ein ausgehöhlter eckiger Baumstamm

Und fahren auf grundlosen Wegen
An einer Wolke vorbei die uns mitnimmt
Einem schwimmenden Dorf entgegen

## Afrikanischer Tanz

Vorwärts,
ein bisschen zurück,
vorwärts,
ein bisschen zurück,
auch mal zur Seite,
und stehen geblieben (man ist ja nicht allein),
dann sich im Kreis gedreht,
und auch mal ausgeschert,
wieder eingeschert, bis man (irgendwann)
angekommen ist.

Angekommen,
NACHDEM MAN SICH UNTERWEGS VIEL GEFREUT HAT;
Immer wieder zurückgeschritten ist,
um nichts hinter sich zu lassen,
um mitzunehmen, was man mitnehmen sollte,
sich nach hinten versichert hat,
ohne stehen zu bleiben,

und sich dem Ziel nähert,
INDEM NIEMAND ZURÜCKGELASSEN IST,
ABER AUCH NIEMAND ALS ERSTER ANKOMMT.

Ein besonderer Dank gilt Manfred Werdermann für die Mitwirkung bei der Gestaltung des Buches.

Dank auch an Christel und Peter sowie an Reinhard für die oftmaligen Worte der Ermutigung.

## Über den Autor

Was ist in meinem Leben wichtig gewesen: ich wuchs in keiner Heimat auf (obwohl es ein überschaubares, kleines Dorf in Ostwestfalen war) und, so scheint es, verbrachte mein ganzes Leben damit, irgendwo anzukommen und bleiben zu können, ob in einer politischen Heimat (was suchte jemand, ohnmächtig, in einer Welt der Kämpfe um Macht und Einfluss?), einer geografischen (es war schwierig, sich einem Volk zugehörig zu fühlen, das zu solchen Grausamkeiten in der Lage gewesen war wie die Deutschen), einer sprachlichen (die Welt der Worte und Bücher, nicht selten die einzige, die es für mich gab, und, später, die französische Sprache, die allein schon durch ihren Klang dem Leben einen Sinn zu geben schien) oder einer familiären (ich lebte und arbeitete 20 Jahre in Afrika, in Äquatorialguinea und Kamerun, fand und gründete dort eine Familie, heiratete eine kamerunische Frau; wir bekamen vier Kinder und adoptierten zwei kamerunische Jungs).
Und jetzt lebe ich im Saarland, einem Land an der Grenze. Es genügen ein paar Schritte, und ich bin auf der anderen Seite … auf der anderen Seite meiner selbst.

## Vom selben Autor erschienen:

Ganz nah die Ferne rückt. Begegnungen mit Kulturen Kameruns. Verlag Lembeck (inzwischen aufgelöst). Das Buch, erschienen im Jahr 2003, ist nur noch antiquarisch erhältlich. Bei: Alt-Saarbrücker Antiquariat, Talstr. 80, 66119 Saarbrücken (0681/9542844) oder direkt beim Autor (Preis: € 15,00).

FSC
www.fsc.org
MIX
Papier | Fördert
gute Waldnutzung
FSC® C083411

Zeitfracht Medien GmbH
Ferdinand-Jühlke-Straße 7
99095 Erfurt, Deutschland
produktsicherheit@kolibri360.de